JN164870

キャリア教育に活きる！

仕事ファイル

センパイに聞く

⑧ サイエンスの仕事

気象予報士
データサイエンティスト
JAXA研究者
JAMSTEC研究者
ロボット開発者
科学コミュニケーター

⑧ サイエンスの仕事

Contents

File No.37
気象予報士 ……………… 04
千種ゆり子さん／ウェザーマップ

File No.38
データサイエンティスト 10
伊ヶ崎一起さん／FRONTEO

File No.39
JAXA研究者 ……………… 16
西山万里さん／JAXA

File No.40
JAMSTEC研究者 ………… 22
樹田行弘さん／JAMSTEC

キャリア教育に活きる！ 仕事ファイル

File No.41
ロボット開発者 28
斉藤杏実さん／Honda

File No.42
科学コミュニケーター 34
眞木まどかさん／日本科学未来館

仕事のつながりがわかる
サイエンスの仕事 関連マップ 40

これからのキャリア教育に必要な視点 8
予測困難な時代を科学で切りひらく 42

さくいん 44

※この本に掲載している情報は、2018年4月現在のものです。

File No.37

気象予報士
Weather Forecaster

ウェザーマップ
千種ゆり子さん
入社5年目 30歳

気象データを分析し、わたしの言葉で伝えます

ニュース番組やWEBサイトで発表される天気予報を行うのが気象予報士です。気象予報士はどのように予報を立て、情報を発信しているのでしょうか。ウェザーマップの気象予報士、千種ゆり子さんにお話をうかがいました。

Q 気象予報士とはどんな仕事ですか？

気象予報士は、気象データを分析し、天気予報を行う仕事です。国家資格の「気象予報士」を取得した人だけが、気象予報士として働くことができます。

天気予報をするときは、まず気象庁のWEBサイトを見ます。ここには、気象衛星が撮影した雲の写真や、全国に設置されたアメダス（降水量、風向き、風速、気温、日照時間を観測する施設）や、気象レーダー（電磁波を放射し、雨雲や雪雲の位置と密度、風速や風向きや強さなどを観測する施設）のデータがあります。スーパーコンピューター※が分析し、そこから気象庁の職員が予測した天気予報も出ています。それに加えて気象予報士向けの専用のWEBサイトを使い、地形や各地域の天気の傾向などを分析し、天気、気温、湿度、降水確率などを地域ごとに、わたしなりに予報します。

例えば関東地方では、冬場に南の海上から「忍者雲」が現れることがあります。まるで忍者のように突然現れるため、こう呼ばれているのですが、忍者雲は、急な雨や雪を降らせる可能性が高いんです。気象庁の予報では単に「くもり」となっていても、「この雲は雨を降らせるかもしれない。だから"くもりのち雨"としよう」と、自分の分析を加えて予報をまとめるのです。

わたしは現在天気予報の会社「ウェザーマップ」に所属し、テレビ朝日の「ウェザーセンター」に派遣され、勤務をしています。そこでは、気象庁から次々入ってくる気象情報の分析を行い、ニュース番組のキャスターに情報を提供したり、天気予報のコーナーの原稿を書いたりしています。

そして、『スーパーJチャンネル』（土曜日）に、気象キャスターとして自ら出演しています。ほかに、WEBサイトの天気予報ニュースにも出演しています。

WEBサイトの天気予報ニュースの収録風景。「指示棒の色は晴天のときはオレンジ、雨のときは青色にするなど工夫しています」

Q どんなところがやりがいなのですか？

天気予報を通して、視聴者のみなさんの未来をほんの少しでも明るくすることができれば、それがいちばんの喜びです。例えば、予報を伝えるときに「明日は夜、気温がかなり低くなるので、おでかけになる際は、マフラーや手袋などをお持ちになってください」などと、服装への注意を一言そえることで、風邪をひかず、健康に過ごせるかもしれません。

また、テレビ番組を共演者やスタッフとつくりあげることにも、やりがいを感じています。放送後は、スタッフと次に向けて、原稿の内容や、キャスター同士の連携などの改善点を話しあっています。自分の言葉で情報を発信できることも、テレビ番組ならではで、とても楽しいです。

パソコンに3つディスプレイをつないで、さまざまな情報を合わせて見て、予報をまとめる。

千種さんのある1日

- 09:00 通勤中、前日に準備をしておいた天気予報を最終確認する
- 10:00 テレビ朝日に出社。スタッフと天気予報コーナーの構成や演出を考える
- 10:30 番組の打ち合わせで、天気予報コーナーで伝える内容を提案する
- 12:20 ニュースキャスターと打ち合わせ
- 14:30 メイクと着替えをして出演準備
- 16:00 リハーサル
- 16:50 『スーパーJチャンネル』天気予報の出演（1回目16:50、2回目17:55）
- 18:00 番組の反省会
- 18:30 ウェザーセンター内で反省会
- 19:00 番組ブログを更新し、退社

用語 ※ スーパーコンピューター ⇒ 複雑な計算を超高速に行う大型のコンピューター。

Q 仕事をする上で、大事にしていることは何ですか？

天気予報は科学そのものです。でも単に科学的な説明をしただけでは、視聴者に伝わりません。視聴者の感覚に寄りそった情報を届けるために、伝え方を大切にしています。

例えば、明日の天気予報の中で視聴者にとっていちばん役立つ情報は何だろうと考えます。そして、ポイントをひとつ定めたら、それを中心に天気を伝えるんです。「明日はこんな雨になりそうですよ」と雨の降り方をポイントにする日もあれば、「雨は降るけど、それよりも気温がぐっと下がるのでこちらに注意」と気温にポイントをもってくる日もあります。ポイントを定めることで、翌日の天候に備えて準備すべきことが、視聴者により明確に伝わると思うんです。

ほかにも天気の説明に使うCG※の見せ方もスタッフの人たちといっしょに考えています。

Q なぜこの仕事をめざしたのですか？

小学4年生のときに地球温暖化の問題を授業で習ってから、気象にずっと興味をもっていました。地球に異常気象をもたらすこの問題をくいとめるために、自分も何かできないかと、ずっと考えていたんです。

また、ふたつの震災も、大きな影響があります。わたしは埼玉県の出身ですが、幼いころ、父の転勤で兵庫県の神戸市に住んでいました。そして、小学1年生だった1995年、阪神淡路大震災が起こりました。家族は全員無事でしたが、激しいゆれで本棚から本が落ちたり、水槽がこわれて水があふれたりして、とてもこわかったのを覚えています。周囲には大きな被害が出て、学校の再開にも時間がかかりました。

それから2011年、社会人1年目の新人として、一般企業で働いているとき、東日本大震災が起きたのです。会社は経営危機におちいり、仕事ができなくなりました。

わたしは、地球のもつ大きな力のおそろしさを思いしりました。地震の予測は今の科学ではむずかしいですが、気象災害なら天気予報の精度を上げることで、ある程度防ぐことができるのではないかと思ったんです。子どものころから考えつづけていた地球温暖化の問題にも向きあえると思い、気象予報士をめざすことにしました。

そして2013年、気象予報士の資格を取得しました。

Q 今までにどんな仕事をしましたか？

ウェザーマップが主催する気象予報士講座を受講して、気象について学び、気象予報士を取得したので、そのままウェザーマップに所属しました。

2014年から2年間は、お天気キャスターとしてNHK青森放送局に勤務しました。わたしは神戸や埼玉で育ったために、雪国の感覚がわかりません。そこで、青森に住み、体験してみようと思ったんです。

東京のテレビ局とちがい、地方局の気象キャスターは、気象コーナーに使うCGづくり、野外での撮影場所の決定や交渉、台本作成、ときには撮影や映像編集もすべて自分ひとりで行います。スタッフ兼出演者という状況だったので、いそがしい日々でしたが、企画を実行する力や、リーダーシップが身についたと思います。

2016年から、テレビ朝日のウェザーセンターに勤務し、2017年からはニュース番組の気象キャスターになりました。

出演するテレビ番組の内容について、打ち合わせをする。台本を手に、どんなCGをつくるか相談する。

阪神淡路大震災を描いた本『神戸っ子は負けなかった』の読書感想文。千種さんが気象予報士をめざした原点。

用語 ※CG ⇒ コンピューター・グラフィックスの略。コンピューターで描いた絵のこと。

Q 仕事をする上で、むずかしいと感じる部分はどこですか？

やっぱり天気予報そのものがむずかしいですね。

ひと口に雨といっても「ザーザー降り」や「霧雨」など程度はさまざまです。「傘をさしていれば大丈夫な雨」なのか「長靴が必要な雨」なのか。気象庁の予報では、降水量や、雨が降る地域しか発表されないので、そこまではわかりません。これを見極めるのは、気象予報士の仕事です。それには、多くの天気予想図を見て、気象のさまざまなパターンを知っておく必要があります。経験あるのみなので、もっともっと努力しなくてはと思っています。

ときには、ウェザーマップに所属する、経験豊富な気象予報士の先輩たちと話をして、参考にすることもあります。

・ファイル・

PICKUP ITEM

気象データ、天気予報、その根拠をまとめた書類、資料などをファイルにして持ちあるいている。過去の予報をふりかえるときに便利。いつでもタブレットを持ちあるき、気象庁のWEBサイトで、気象情報を確認している。

・タブレット・

Q ふだんの生活で気をつけていることはありますか？

通勤時には、タブレットで気象庁のデータを必ずチェックし、大まかに天気を予測しておきます。休みの日でも、翌日の天気が荒れそうなときや、台風が来ているときは必ずチェックします。「休みの日にも？」と思われるかもしれませんが、わたしは天気が大好きなので、苦ではありません。

気象庁のデータは、更新されるごとに過去のデータが見られなくなるので、自分の記憶に印象を残しておくためにも、1日に一度は見るようにしています。

文章を書くことが好きで、テレビ番組の公式ブログと、新聞での連載コラムを日々執筆している。

Q これからどんな仕事をしていきたいですか？

新聞のコラムやブログなど、文章で情報を発信するのも好きなので、いずれは本を出版したいなと思っています。

また、わたしは小学生のころから地球温暖化問題に強い関心をもっています。そのため、もっと知識と伝える力をつけて、環境問題に関する講演や研究事業にも関わっていきたいです。現在も少しずつですが、地球温暖化の講演活動を行っています。2015年には「防災士」の資格も取得し、実際の災害時にどんな防災行動をとるべきか、気象ニュースでも伝えることができるようになりました。

気象予報士になるには……

気象予報士は、国家資格です。試験に合格し、資格を取得する必要があります。気象予報士試験に年齢制限はなく、小学生でも合格した例があります。しかし、テレビやWEBサイトで情報を伝える「気象キャスター」として働きたい場合、テレビ局や民間の天気予報会社に所属する必要があります。地方公共団体で働き、気象データの分析や防災対応を行う場合もあります。

高校
↓
大学・大学院
↓
気象予報士試験に合格
↓
地方自治体、民間の気象会社に所属する

※ この本では、大学に短期大学もふくめています。

Q 気象予報士になるにはどんな力が必要ですか？

気象予報士として、情報を世の中に伝える仕事をするには、理系の能力である「気象分析力」と、文系の能力である「伝える力」、どちらも必要です。

また、ときには予報が外れてしまうこともあります。失敗をしてしまっても、その経験を次に活かすことが大切です。自分のまちがいにくよくよするのではなく、なぜ予報が外れたのか、今後はどこに気をつけるべきなのかを冷静に判断することが必要です。

実際に空を見上げて、天気を確認する。雲の動きや空の色など、実際に見たことを予報に反映させる。

Q 中学生のとき、どんな子どもでしたか？

中学生のころは、自分の意見をはっきり言うタイプだったこともあって、テレビで女性アナウンサーがてきぱきと番組を進行する姿にあこがれていましたね。

また、小学6年生から通っていた塾の英語の先生が大好きで、その影響から英語が得意になりました。中学時代は自分で英語の定期テストの予想問題をつくって、友だちに配ったりしていましたね。でもその反面、数学は苦手だったので、高校受験の勉強も大変でした。中学時代はテニス部に入っていましたが、2002年の日韓ワールドカップの影響で、女子サッカーに興味をもつようになりました。それで、サッカー部のある進学校をめざして猛勉強をしたんです。受験に合格したときは、とてもうれしかったですね。

千種さんの夢ルート

小学校 ▶ 地球温暖化防止に関わる仕事
小学4年生のとき、授業で地球温暖化について学び、環境問題を解決するために、自分にできることはないかを考えはじめた。

中学校 ▶ アナウンサー
テレビでかっこよく番組を進行するアナウンサーにあこがれた。

高校 ▶ 環境省の職員
環境問題に取りくむために、国家公務員として環境省で仕事をするのが近道だと考えた。

大学 ▶ 環境省の職員 → 一般企業の社員
国家公務員試験の勉強に挫折。一般企業に入社する。

一般企業の社員 ▶ 気象予報士
東日本大震災をきっかけに、気象予報士国家試験に挑戦。3度目の受験で見事合格した。

千種さんがつくった英語の予想問題。このまま実際に出題されてもおかしくないほど。

中学の卒業式の日の千種さん。「中学時代は、すごくまじめな子でした。勉強するのも好きでした」

Q 中学のときの職場体験は、どこに行きましたか？

わたしの学校では「職場見学」と「職場体験」のふたつのプログラムがありました。1年生のときに、近所のクリーニング店で職場見学をし、2年生のときに、地元の郵便局で職場体験をしました。

クリーニング店を選んだのは、お店の裏にある工場に興味があったからです。工場の中にどんな機械が並んでいて、どんなふうにクリーニングをしているのか、興味津々でしたね。実際にそのようすを見ることができてうれしかったです。

郵便局を選んだのは、手紙を書くことや切手が好きだったからです。手紙がどんなふうに処理され、運ばれていくのか、その仕組みに興味がありました。仕分け作業も体験しました。

Q この仕事をめざすなら、今、何をすればいいですか？

まずは、毎日空を見上げて、天気を好きになってください。1日も同じ天気はありません。空を見て、流れる雲や空の色を見ることそのものを楽しめるようになるのが第一歩です。気温を測ったり、新聞で天気の記事をチェックして切りぬいたりして、ノートにまとめるのもおすすめです。

また、「何月何日、東京に雪が〇㎝積もった。学校に行くときに長靴をはいていった。電車が止まってしまい、父は、午前中は家にいた」のように、天気予報と実際の天気、自分や家族の行動などを記した、気象日記を書いておくのもおすすめです。将来気象予報士になったとき、蓄積した気象の記録は貴重なデータとして、必ず役に立ちますよ。

Q 職場見学と職場体験では、どんな印象をもちましたか？

クリーニング店ではお客さまの衣類、郵便局では手紙や小包と、どちらの場所でも「もの」を相手に、プロがスピーディーで的確な仕事をする姿を目の当たりにしました。

また、社会というものは厳しいところだと思っていましたが、見知らぬおとなたちが優しく対応してくれたり、仕事を教えたりしてくれたことで、世の中に出ていくことを恐れる必要はないんだと思うようになりました。

天気予報を通じてみなさんの未来を少しでも明るくしたい

- 今できること -

ふだんの暮らし
気象予報士として働く場合には、人の暮らしと気象がどのように関わっているか、よく理解をしておかなくてはいけません。

学校行事では、活動内容が天候に左右されることも少なくありません。そんなときは、悪天候に備えて、準備を呼びかけ、実践しましょう。準備不足での失敗や、好天候で準備が無駄になったとしても、貴重な経験になります。また、台風や大雨などのとき、学校や地方公共団体がどんな情報を発信しているか見ておきましょう。

国語
情報を、簡潔な言葉でわかりやすく伝える力が必要です。語彙力、作文能力を養いましょう。

社会
気象予報士には、気象だけでなく地震や津波などの災害についての知識も必要です。昔の大地震や台風についても、学んでおくとよいでしょう。

理科
気象予報士になるには、雲が生まれる仕組みや、地震や台風が起こる仕組みなどを知っておくことが必要です。基礎知識をしっかりと身につけましょう。

美術
天気予想図を作成するときには、配色やマークの形など、情報が伝わりやすいよう工夫する必要があります。デザインの基礎を学んでおくとよいでしょう。

File No.38

データサイエンティスト

Data Scientist

FRONTEO
伊ヶ崎一起さん
入社3年目 25歳

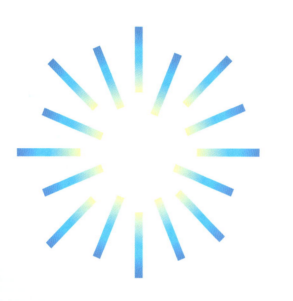

AIが
ビッグデータの中から
だれも気づかなかった
事実を見つけだす

ビッグデータ（世の中にある膨大なデータ）を解析するのがデータサイエンティストの仕事です。そこで、コンピューターが人間のように考え、情報を分析するAI（人工知能）※を使って、データ解析を行う伊ヶ崎一起さんにお話をうかがいました。

Q データサイエンティストとはどんな仕事ですか？

IT技術が発展して、世の中には膨大な情報があふれるようになりました。これを「ビッグデータ」と呼びます。でも、ただ情報を集めても、使い道がありません。その情報の中にどんな規則性があるか、どんな意味があるのかを見出す必要があります。これを「解析」といいます。このビッグデータの解析が、データサイエンティストのおもな仕事です。

ビッグデータを解析するときに、欠かせないのがAIです。

データ解析の依頼は企業から来ます。ぼくは企業が、どんな目的で、どんな情報が必要なのかを聞きとり、AIにデータを解析させる方法を考えます。そしてAIに情報を読みとくためのデータや条件をあたえ、学習させます。すると一見何の関連性もない情報の集まりから、価値のある情報や、人間が気づかないような事実をAIが見つけだすのです。

ぼくたちのAIは、文書の解析に特化しています。たとえば金融機関の場合、社員の人がつくった文書をAIに読みこませます。すると、AIは人間の約4000倍の速度で大量の文章を読み、各案件の投資の理由や動機を整理し、金額が適切ではない取引を見つけだします。また、ミスや不正が無いかを調べることもできます。そうして金融機関の人びとの仕事をサポートしているんです。

AI「KIBIT」はロボットにも搭載できる。左はコミュニケーションロボットの「Kibiro」。対話する相手に合わせた会話や提案ができる。

Q どんなところがやりがいなのですか？

AIの能力を上手に使いこなして、必要な情報を導きだす。これがデータサイエンティストの腕の見せどころです。まだだれも気づいていない情報を探りあてたときは、うれしいですね。

また、役に立つ情報をお客さまへ発表できたときは、何ともいえない達成感があります。データの解析が終わったら、文章にグラフや図をそえてわかりやすくした報告書を作成したり、報告会を開いたりします。お客さまの悩みを解決に近づけ、感謝されたときには、うまくいかなかったり試行錯誤をくりかえしたりした疲れも一気にふきとびます。

FRONTEOが開発したAI「KIBIT」を使って行う解析作業について、お客さんに説明する。

解析結果はグラフや表にまとめる。お客さんはWEBサイト上で見ることもできる。

伊ヶ崎さんのある1日

- 09:00 取引先の会社に直行して、データの解析を始める
- 12:00 昼休み。会社にもどりながら途中でランチをする
- 13:00 会社にもどる。自分のデスクで報告書を作成する
- 16:00 担当する仕事の状況を社内の報告会で報告
- 17:00 引きつづきデータ解析を行う 出張の準備なども行う
- 18:30 退社

用語 ※ AI ⇒ Artficial Intelligence（人工知能）の略。人間のように学習し、学習したことをもとに推測・判断のできるコンピューターシステムのこと。

Q 仕事をする上で、大事にしていることは何ですか？

かっこよく言うと「虫の目と鳥の目をもつこと」です。虫の目は、どんなに小さなことや細かいことでも見落とさないこと、鳥の目は、広い視野で目的を見失わないこと。正反対のことに思えますが、バランスが大切だということです。

データ解析には緻密さが必要ですが、細かいデータを気にしすぎてしまうと、いつのまにか適切な解析結果からずれてしまうことがあります。細かな視点と広い視点をバランスよくもちあわせながら、問題解決のために努力していきたいと思っています。

Q 今までにどんな仕事をしましたか？

入社したばかりのころは、IT企業や損害保険の会社を担当させてもらいました。最近は銀行や証券会社などの金融の会社を担当することが多くなってきています。

つねに同時進行でふたつか3つの仕事に関わっているので、お客さまの会社にうかがうことも多いですね。会社で自分の席にいるのは、週に1日か2日ぐらいです。

ビッグデータの時代になって、企業にどんどんデータが蓄積されています。人の手でたくさんのデータを分析するのには限界があるので、AIでのデータ解析が必要な企業は、これらからどんどん増えてくると思います。今後、まったくちがう業界の仕事を担当することもあるかもしれませんね。

「お客さまがほしいと思っている情報を提供するためには、お客さまの仕事についての研究も欠かせません」と伊ヶ崎さん。

Q 仕事をする上で、むずかしいと感じる部分はどこですか？

AIにどのような学習をさせるかが、いちばんむずかしい点です。データ解析をするときには、むやみやたらにAIを使っても、思ったような結果が出せません。まずはぼくが問題の原因を考えて仮説を立て、AIにあたえるデータを選んで学習させます。しかし、仮説を立てること自体がとてもむずかしく、ときには外れてしまうこともあるんです。

そんなときは、振り出しにもどって考えます。問題の背景を調べたり、お客さまに話を聞いたり、上司や営業担当に相談したりします。

AIに学習させるのはぼくですが、この仕事はひとりではできません。関わる人全員がひとつの目標に向かうことで、よいデータ解析ができるのだと思います。

Q なぜこの仕事をめざしたのですか？

高校生までは、将来の夢や目標が見つけられませんでした。そこで大学では、特殊な学問ではなく、はば広い知識と教養を身につけられる国際教養学部に進学しました。すべての授業が英語で行われるので、最初はとても苦労しました。

大学では、経済学でマクロ分析※を勉強するうちに、世の中の動きをパソコンを使って、統計的に分析していくことがおもしろく、データ解析にのめりこんでいきました。大学3年生のときに留学したアメリカの大学でも、やはりデータ解析の勉強に熱中しました。日本で英語をきっちり学んでいたので、なんとか論文を読むことができ、授業についていけました。

留学によって、「データ解析を自分の仕事にしたい」という目標が定まったんです。就職活動のときも、データ解析業務にたずさわりたくて、この会社を受けました。

行きづまったときには、上司や仲間に相談。チームワークを大切にしている。

用語 ※ マクロ分析 ⇒ 国民所得や物価水準などをもとに、1国の経済の動きを分析すること。企業や家庭の経済の動きを分析することは、「ミクロ分析」と呼ばれる。

Q ふだんの生活で気をつけていることはありますか？

　目の健康には、かなり気をつかっています。仕事中はつねにパソコンのディスプレイを見つづけることになるので、仕事中でも休日でも、パソコンに向かうときには必ずパソコン用のメガネをかけています。目の疲れは肩こりや腰痛の原因になることもあります。通勤中や休日に読書をするときは、電子書籍よりも、目に優しい紙の本を選ぶようにしています。また、休日に家の近くを走ったり、美術館を訪れたりして、心とからだをリフレッシュさせるようにしています。

　仕事のことを考えないようにしようと思っているのですが、ふと気がついたらプログラミングの勉強をしたり、AIに教えるための仮説を考えたりしていることもあります。それだけこの仕事が大好きなんですね。

Q これからどんな仕事をしていきたいですか？

　うちの会社は、アメリカにもたくさん支社があります。なので、いずれはアメリカでデータ解析の仕事をしたいと思っています。いつでも海外に行けるように、英語の勉強もずっと続けているんです。

　言語や文化がちがう国では、AIに教える仮説もAIの学習方法もちがうと思います。アメリカに行ったらどんな仕事ができるのか、想像するだけでも楽しいですね。

　いつか人間の心や行動の秘密を、AIで解きあかせるかもしれません。そんなことも、夢見ています。

・データ解析の専門書・
・パソコン用メガネ・

PICKUP ITEM

目をいたわるために、パソコンのディスプレイから出るブルーライトをカットするメガネが手放せない。また、データ解析の専門書は、文系出身の伊ヶ崎さんにとって強い味方。

データサイエンティストになるには……

　データサイエンティストになるために、とくに必要な資格はありません。しかし、数学の確率や統計の知識、パソコンのプログラミングの知識があると、この仕事に就くためには有利になります。これらは、大学の理学部数学科や工学部の情報工学科、理工学部などで学ぶことができます。なお、多くの会社では採用時に、大学卒や大学院修了以上の学歴を求めることが多いようです。

高校
↓
大学・専門学校
↓
大学院
↓
IT企業や、企業の研究所

Q データサイエンティストになるにはどんな力が必要ですか？

何より大切なのは好奇心です。解析のために仮説を立てる力、プログラミングの技術、確率や統計といった数学的な知識など、この仕事に必要な力はいろいろあります。でも、そのすべては自分自身が「おもしろそう！」「やってみたい！」と思うことから身についていくんです。

研究職なので理系出身者が多く、ぼくは文系出身であることをめずらしがられることもあります。でも、文系でも、やる気があればデータサイエンティストにはなれますよ。

Q 中学生のとき、どんな子どもでしたか？

中学時代は友だちにさそわれてサッカー部に入り、毎日サッカーづけです。足が速かったので、ポジションは右サイドのミッドフィルダーでした。毎朝学校に行く前に、家の近くの海辺を走って、トレーニングにはげんでいました。

勉強は苦手ではありませんでした。学年でいちばんの成績だったこともあります。苦手教科もとくにありませんでした。

当時は、将来の夢はなかったのですが、高校受験のときに、両親から高専に行って理系の技術者になることをすすめられました。でも、15歳で進む道をひとつにしぼりたくなかったので、両親を説得して、高校の普通科に進学しました。

文系の国際教養学部に通いながら、在学中に独学でプログラミングの知識を身につけた。「それも好奇心のたまものですね」

サッカー部で使っていた思い出の練習着。

伊ヶ崎さんの夢ルート

- **小学校・中学校 ▶ とくになし**
  理系科目が得意で、高専※をすすめられたが、選択肢をしぼりたくなく、普通科高校へ。

- **高校 ▶ とくになし**
  自分に向いていることを見極めるため、はば広い知識が身につく国際教養学部へ。

- **大学 ▶ データ解析の仕事**
  経済学の授業で学んだデータ解析に強い興味をもつ。データ解析の研究職に就くことを決意。

中学時代の伊ヶ崎さん（中央）。サッカー部の仲間たちと。ヨーロッパのサッカーにあこがれていた。

用語 ※高専 ⇒ 高等専門学校のこと。技術者の養成を目的とした、5年一貫教育の学校。

Q 中学のときの職場体験は、どこに行きましたか？

2年生のとき、近くの保育園に1日だけ行きました。とくに保育士になりたかったわけではありませんが、子どものもつ純粋さに興味がありました。

10人くらいで保育園を訪問し、年齢別のクラスに数人ずつ分かれて入りました。ぼくは2歳児クラスの担当になり、エプロンをつけて子どもたちといっしょに遊んだり、給食を食べたり、おむつがえの手伝いをしたりしました。

Q 職場体験では、どんな印象をもちましたか？

いちばん印象に残っているのは、絵本の読み聞かせをしたことです。ちょっぴり緊張しながらチャレンジしたのですが、子どもたちは目を輝かせて聞いてくれました。読み終わってから「これは何？」と無邪気に聞いてきて、2歳や3歳でも、こんなに言葉を話せるのかとおどろいた記憶があります。子どもたちを見ていて、その好奇心の強さや素直さが、人間の成長の原動力なのではないかと思いました。

また、保育士は勤勉でないとできない仕事だとわかりました。つねに子どもたちの目線に合わせて考え、行動するのは、いいかげんな態度ではできないことです。短い時間でしたが、多くの発見があり、とても実りのある体験になりました。

Q この仕事をめざすなら、今、何をすればいいですか？

思い通りにいかないことにも一生懸命に取りくんでほしいです。失敗をしてもかまいません。失敗を受けいれ、次にするべきことを考えると、人は絶対に強くなれます。

そして、失敗しても、応援してくれている人が必ずいることを忘れないでください。ぼくは、大学受験で失敗して、落ちこんでいるときに、高校の校長先生が「伊ヶ崎くんならがんばれる。応援しているよ」とはげましてくれたことが転機になりました。生活を改め、毎朝4時に起きて猛勉強をし、1年後、念願の大学に合格したのです。地道にコツコツがんばる精神力は、どんな職業でも必要です。ぜひ、今から心をきたえてください。

いつか人間の心や行動の秘密をAIで解きあかしたい

- 今できること -

ふだんの暮らし

データサイエンティストの仕事は、コンピューターやITに関する技術と密接に関わっています。ニュースサイトなどに掲載される「ビッグデータ」や「AI」などについての記事をチェックして、最新技術に興味をもつようにしていきましょう。

また、どんな企業から依頼を受けるかわからない仕事です。ふだんから新聞やテレビのニュースに積極的にふれ、経済の流れや、さまざまな仕事についての基礎知識を深めておきましょう。

 国語
データ解析が終われば、報告書を書きます。基本的な作文の力が必要です。また、論理的思考力を身につけるためにも国語の学習は有効です。

 社会
データ解析に必要な仮説を立てるには、社会の仕組みや成り立ちをある程度理解しておく必要があります。公民や地理、歴史の知識はその土台となります。

 数学
この仕事で必要とされる数学の知識は、高校で学習する数学よりもむずかしいものですが、その土台となる中学の数学は、きちんと身につけておきましょう。

 技術
技術の時間に勉強するパソコンの基本技術は、高校や大学で理系科目を学ぶときにも、必要とされます。

File No.39

JAXA研究者
JAXA Scientist

JAXA
西山万里さん
入構3年目 27歳

わたしが開発した
電動航空機が、
空を飛びまわるところを
見たいんです

JAXA（宇宙航空研究開発機構）は、宇宙や航空機に関するさまざまな研究や開発を行っている、国立の研究機関です。JAXAの航空宇宙センターで、おもに航空機の研究を行っている、西山万里さんにお話をうかがいました。

Q JAXAではどんな研究をしているのですか？

JAXAというと、人工衛星や惑星探査のような、宇宙にまつわる研究をイメージする人も多いと思います。でもじつは航空機の研究や開発もさかんに行われています。わたしは航空分野の研究者として、電気の力で飛ぶ「電動航空機」の研究開発をしています。

今は、ガソリンなどの化石燃料を燃やして飛ぶ航空機が主流です。しかし、燃料を燃やすときに、地球温暖化の原因となる二酸化炭素が発生するのが問題です。

いっぽう、電動航空機は、バッテリーにたくわえた電流でモーターを動かして飛ぶので、二酸化炭素が発生しません。また、騒音や振動も少ないので、これからの時代に必要な、環境に優しい航空機なんです。

Q どんなところがやりがいなのですか？

自分たちの手で生みだしたものが、これからの社会を変えていくのだという、可能性にわくわくします。

わたしが働いている部署は、2014年に電動航空機の有人飛行に成功しました。ひとり乗りの小型航空機でしたが、日本で初めてのことだったんですよ。現在も、1～2人乗りの小型航空機の開発を進めていますが、将来的には、旅客機のような大型の電動航空機を開発する計画もあります。

いつか自分が関わった電動航空機が、世界中の空を飛びまわるかもしれない。そんな夢をもって、翼の模型をつくったり、実験装置を組みたてたりする毎日は、とてもやりがいに満ちています。

航空機が飛ぶときに翼のまわりにできる、空気の流れや抵抗を確かめる、風洞装置。この装置で実験をして、翼の形を決めていく。

航空機の翼の模型。西山さんが自らパソコンで図面をつくり、3Dプリンター※で出力してつくる。

3DCADという立体物を設計するソフトで翼の構造を確認。「実験の結果によって、ずっとパソコンに向かっている日もあれば、ひたすら実験をくりかえす日もあります」

翼の模型を装置にセットして、実験開始！

西山さんの1日

09:00	出社。実験室で作業を開始。工作室で機械加工をすることもある
12:00	同僚とランチ
13:00	航空機開発のチームでミーティング
14:00	パソコンで実験データの解析作業をするなど、研究を行う
18:00	退社

用語 ※3Dプリンター⇒パソコンで設計された立体のデータをもとに、立体の物をつくりだす機械のこと。

Q 仕事をする上で、大事にしていることは何ですか？

アイデアを形にするために、じっくり時間をかけて考えること、わからないことを納得のいくまで調べることがとても大切です。

ただ、行きづまったときは、上司や同僚と会話をすることで答えが出ることもあるので、まわりの人に、どんどん相談するようにしています。

また、航空機をつくりあげるには、機体の形やバッテリー、モーター、プロペラなど、研究しなくてはいけないことが山ほどあります。そのすべてが完成された状態でないと、航空機は飛びません。完成形を思いえがきながら、ひとつひとつの研究を粘りづよく進めることがとても大事です。

• 研究ノート •

PICKUP ITEM

西山さんの研究ノート。思いうかんだアイデアや、研究の課題をまとめている。

疑問が解けないときは、上司や同僚に相談する。言葉だけでイメージするのがむずかしいことは、ホワイトボードを利用する。

Q なぜこの仕事をめざしたのですか？

小さいころから星が好きで、プラネタリウムに行ったり、星の神話の本を読んだりと、宇宙に対する興味をずっともっていました。初めは、宇宙に関する仕事といえば宇宙飛行士しか思いつかず、宇宙飛行士にあこがれていましたね。でも、宇宙飛行士になるには厳しい条件があり、身長や視力の面でむずかしいと知って、あきらめたんです。

しかし、中学3年生のときに、人工衛星の名前の公募があり、なんと当選して命名者になったんです。過去の人工衛星の名前をじっくり研究して、「だいち」という名前を考えました。採用されたときに「努力次第で、宇宙と関わる道があるんだ」と、宇宙へのあこがれを取りもどしたんです。

また、中学の卒業研究で「宇宙について」というテーマでレポートをまとめたとき、宇宙開発に取りくんだ科学者が大勢いることを知りました。それで、わたしも研究者として、航空宇宙※と関わっていこうと決めたんです。

人工衛星「だいち」の命名者になったとき、授与された賞状。

Q 今までにどんな仕事をしましたか？

以前に所属していた部署では、「宇宙ごみ」を回収するロボットの動きを、パソコン上で再現するシミュレーター※のプログラミングをしていました。

宇宙空間には、使いおわった人工衛星やロケットの破片がただよっています。これが宇宙ごみです。宇宙ごみは高速で動いているので、打ちあげられた人工衛星などに当たるようなことがあると、とても危険です。そのため、宇宙ごみを回収するロボットの開発は、世界の研究者の間で課題になっているのです。

シミュレーターのプログラミングでむずかしかったのは、宇宙空間で物と物がぶつかったときの動きを再現することでした。宇宙空間で物がどう動くのかがわからないので、まずは、実験です。宇宙空間に似た環境を再現する機械を使い、その中で物を動かす実験をくりかえしました。そして、動きのパターンがつかめたら、パソコン上でその動きをプログラミングするのです。大変でしたが、将来宇宙空間で使われるかもしれない物の開発に関わることができて、わくわくする経験でした。

用語 ※航空宇宙 ⇒大気圏や宇宙空間を飛行するための、研究や実験などの取り組みのこと。

Q 仕事をする上で、むずかしいと感じる部分はどこですか?

研究の世界には、正解がないことです。学校で問題を解くときには、必ず正解があり、たとえまちがえても正しい答えを確認することができますよね。

しかし研究の場合、理論上「こうすれば解決する」と思っても、実験をしてみると、うまくいかないということがたくさんあります。その原因を自分で調べて新たな解決策を考え、また実験する……というステップを、答えが見つかるまでくりかえさなければいけません。だからこそ、成果を得られたときの達成感は格別ですね。「自分が世界で初めて、この答えを導きだしたんだ!」と、うれしくなります。

Q ふだんの生活で気をつけていることはありますか?

インターネットやテレビで、ニュースをこまめにチェックするようにしています。ニュースには、意外と、航空や宇宙に関する話題も多く登場するんですよ。

ニュースでは、最新の研究がどんな状況にあるのか、また、その研究が、世の中でどんなふうに受けとめられているのかを知ることができます。わたしは、ふだんは研究所の中でもくもくと作業をしていますが、最終目的は、研究の成果を社会に届けることです。だから、社会と研究のつながりは、いつも意識しています。

休日は気持ちを切りかえて、学生時代の友人と遊んだり、旅行に行ったりしてリフレッシュするように心がけています。

Q これからどんな仕事をしていきたいですか?

まずは、今開発している電動航空機が、世の中の主流になるような未来をつくりたいです。

そして、だれでも操縦できて、行きたいところへいつでも行けるような航空機をつくることができたら、いいなあと思っています。

今の航空機は、操縦がとても複雑で、特別な訓練を受けた人しか動かすことができません。でも、例えばボタンひとつで、ビューンと目的地まで連れていってくれるような航空機があれば、航空機がだれにとっても身近な存在になりますよね。そんな航空機を、わたしの研究成果を活かしてつくることができたら、うれしいですね。

©宇宙航空研究開発機構(JAXA)

©宇宙航空研究開発機構(JAXA)

JAXAが開発し、有人の飛行実験に成功した航空機。電動モーターは、操縦席の前方に積みこまれている。

航空宇宙に関する研究者になるには……

宇宙の研究には、さまざまな分野があります。ロケットや宇宙ステーション、航空機の開発は、「宇宙工学」といわれる分野、宇宙空間の物質や宇宙の構造について研究するのは「宇宙物理学」の分野です。

どの分野も、研究者への道はせまき門です。大学や大学院で、専門的な知識はもちろんのこと、研究に必要な技術もしっかりと身につける必要があります。

高校 → 大学・専門学校 → 大学院 → 研究機関に研究者として就職

用語 ※シミュレーター⇒実際に実験をすることがむずかしい場合に、架空の状況で実験をするための機械やプログラム。

Q JAXAで研究者になるにはどんな力が必要ですか？

　数学や理科など、理系科目の知識はやはり重要です。とくに、中学では基礎を学ぶので、しっかり身につけておくとよいと思います。

　また、意外かもしれませんが、英語や国語の力も、求められる場面がたくさんあります。

　研究をする上では、英語で書かれた論文を読む機会がたくさんあります。それに、海外の人と共同研究をしたり、海外で発表をしたりすることもあります。また、研究の成果を論文にまとめることも、大切な仕事です。どのような実験を行ったのか、また、それによってどんな結論が導きだされたのか、わかりやすく伝える国語力が必須です。それから、いっしょに仕事をする人たちと考えを共有するときにも、言葉で伝える力が必要となります。

　じっくり研究するだけでなく、その結果を人に伝えるための表現力も、研究者には欠かせないのです。

Q 中学生のとき、どんな子どもでしたか？

　理系科目は大切、と言いましたが、じつはわたしは、数学や理科が苦手だったんです。幼いころから、本好きな父の影響で毎日本を読んでいたせいか、国語が得意でした。英語や歴史も、好きな教科でしたね。

　中学校への入学前に学園祭へ行ったのですが、そこで見た物理部の展示が、とてもおもしろかったので、入学後は物理部に入りました。3年生からは、化学部にも所属していましたね。物理部では、牛乳パックと電極を使って「電気パン」を、また、化学部では、葉っぱをうすい塩酸につけて「葉脈しおり」をつくりました。「電気パン」は、牛乳パックにホットケーキの生地を流し入れ、そこに電極をさしてつくります。生地に電気が流れると、だんだんと熱くなって、ふかふかに焼きあがるんです。日常のあらゆるものに科学がひそんでいるのを見つけるのは、とても楽しかったです。

西山さんの夢ルート

- **小学校 ▶ 作家、書店店員、司書**
  読書好きだった父の影響で、毎日読書をしていた。そのため、本に関わる仕事がしたいと思っていた。このころに、星にまつわる本もたくさん読んだ。

- **中学校 ▶ 宇宙飛行士→宇宙の研究者**
  宇宙飛行士にあこがれたが、条件が厳しいと知って断念。中学3年生のとき、宇宙の研究者になろうと決めた。

- **高校・大学 ▶ 宇宙の研究者**
  宇宙の研究者になりたいという強い気持ちは変わらなかった。大学では宇宙工学を専門的に学んだ。

Q 中学のときの職場体験は、どこに行きましたか？

　わたしの母校は中高一貫の進学校で、将来については自分の意志で決めていこうという校風でした。なので、じつは職場体験の経験はありません。でも、中学3年生のとき、忘れられない体験をしました。わたしが宇宙に関わる仕事に興味があると知って、母がJAXAの施設の一般公開に連れていってくれたんです。初めて見たJAXAは、不思議なタンクや機械がいっぱいで、まるで秘密基地のようでした。

中学時代の西山さん（右）。体育祭で、クラスメートと二人三脚に出場したときの1枚。

JAXAの一般公開のときの写真。見たこともない設備をたくさん目にして、刺激的な1日だった。

Q JAXAの一般公開では、どんな印象をもちましたか？

研究者のみなさんはとても熱心で、自分の研究について目を輝かせて説明してくれました。研究内容がおもしろそうだったのはもちろん、好きなものを突きつめていくのは、楽しそうだなあという印象をもちました。

また、ある研究者の方が、「宇宙に関わるには、大きくふたつの道がある。ひとつは役人になり、宇宙研究のための環境づくりに力をつくすこと。そして、もうひとつは、研究者になって宇宙に関わるものづくりをすること」という話をしてくれました。宇宙に関わる仕事で、役人になる道もあるとは、まったく知らなかったので、当時のわたしにとってはとても印象的な話でした。

ただ、わたしは実験をしたり、何かをつくったりすることが好きだったので、研究者になろうと決めました。

Q この仕事をめざすなら、今、何をすればいいですか？

自分の夢に近づく道は、ひとつではないということを、忘れないでください。これは、研究者に限った話ではなく、どんな職業にも共通することだと思います。

わたしは、宇宙飛行士にはなれませんでした。けれど、それによって「宇宙に関わる仕事をする」という夢が絶たれることはありませんでした。研究者になるという道を、新たに見つけることができたからです。

どんな夢でも、視野を広げれば、そこにつながる道はたくさんあると思います。どんな道があるのか知ることも、夢をかなえるための方法です。みなさんがこれから本気で努力をすれば、夢は、きっとかなうはずです。

一般公開のときにもらった資料は、今でも思い出の品として、大切にとってある。

自分が生みだしたものが社会を変えていくそんな可能性にわくわくします

ー 今できること ー

ふだんの暮らし

研究者にとって大切な仕事のひとつは、研究によってわかったことを論文にまとめ、世界に発表することです。そのため、物事を論理立てて、わかりやすく説明できる文章力が必要です。調べ学習の機会があれば、学んだことの要点をつかんで、わかりやすく、簡潔にまとめる力を身につけましょう。

また、研究は、チームで力を合わせて進めるものです。部活動や、クラスで行事に取りくむときは、目的に向かって、仲間と協力することを意識しましょう。

 国語 文章を書く力はもちろん、論文を読みとく力も必要です。新聞や本などを読んで、読解力を身につけましょう

 理科 中学で学ぶことは、化学、物理学、生物学の基礎となる内容です。宇宙の研究者になるには、どの知識も大切なので、よく理解しておきましょう。

 技術 ロケットや航空機の開発では、研究者が自分で機体のサンプルをつくることもあります。また、プログラミングを行うこともあります。宇宙工学を志す人はとくに、技術で学ぶことが将来に活きてきます。

 英語 海外の研究機関と協力して仕事をする機会も多いので、読み書きの力、話す力と、まんべんなく身につけましょう。

File No.40

JAMSTEC研究者

JAMSTEC Scientist

JAMSTEC
樹田行弘さん
入構6年目 29歳

しんかい6500

海を研究することで地球の未来をよりよくしようとしています

JAMSTEC(海洋研究開発機構)は、潜水船や、調査船にのりこみ、さまざまな観測機器を使って、海の秘密を解きあかそうと取りくんでいる研究機関です。そこで、研究者として働く、樹田行弘さんにお話をうかがいました。

Q JAMSTECの研究者とはどんな仕事ですか？

JAMSTECは、海についてさまざまな研究をしています。潜水調査船で深海にもぐって海底に眠っている資源を調べたり、生き物たちの生態を観察したりしています。海を研究し、地球の未来をよりよくしようと努力しています。

ぼくは、「水中音響技術」の研究をしています。これは、水中から陸地の施設や船と通信したり、人がもぐることができないような海の奥深くにあるものを調べたりするための技術です。電波や光は、水中ではだんだんと弱まるため遠くまで届きません。しかし、音は水中で1秒間に約1500mも進みます。これは空気中よりも速いスピードです。

また音は、水中では周波数（1秒間あたりの振動数）が低くなればなるほど遠くまで届くようになります。このような水中での音の性質を利用し、海の構造に音波をのせる※などの工夫をすると、数千km先まで音を届けられます。

この技術は、例えば、海底のプレートを調査するときに利用されています。プレートとは、地球の表面をおおう岩盤のことです。ほかにも、海底資源の調査や魚の群れを見つけるときなどにも使われています。

研究者の仕事はさまざまです。じっとパソコンに向かって研究の計画を練ることもあれば、数式を立てて理論を考えたり、スーパーコンピューターでシミュレーションをしたりすることもあります。また、ときには実験に必要な機材を、汗と油にまみれながら自分でつくることもあります。

Q どんなところがやりがいなのですか？

国が関わるような大きなプロジェクトに参加することもあれば、個人的に興味があるテーマに取りくむこともあります。どんな研究も、頭の中で組みたてたアイデアを実験で実証できたときは、大きな喜びを感じます。

JAMSTECには、海で実験を行うための船があって、年に何回かは海へ出て研究します。研究室での実験結果が、海でも同じようになるか、実証実験をするのです。海で得られるデータからは、机に向かって考えているだけではわからなかったことを、たくさん知ることができます。これまで、だれも考えていなかったことを発見するときは、何事にも代えられない充実感があります。

樹田さんものりこんだ、JAMSTECの深海調査研究船「かいれい」。実験室やミーティングルーム、調査用の無人探査機の格納庫や操縦室がある。

提供：海洋研究開発機構

研究の計画を練る樹田さん。その研究が社会に役立つかどうかや予算のことを考えながら、研究の段取りを決めていく。

実験に必要な器具を自分でつくる。ほかにも、スーパーコンピューターを使った実験では、プログラミングの力も求められる。

提供：海洋研究開発機構

樹田さんのある1日

- 09:00 出社。メールや論文、雑誌・新聞の記事をチェックする
- 10:00 実験の準備。機材を設置し、動作を確認する
- 12:00 ランチ。食事のあとは運動して汗を流す
- 13:00 実験を再開する。データを取得する
- 17:00 データの解析をして、結果をまとめる。翌日の準備をする
- 20:00 退社

用語 ※海の構造に音波をのせる⇒海水の温度や密度、塩分濃度などによって、音の速度はちがう。その原理を利用すれば、音が伝えやすくなる。

Q 仕事をする上で、大事にしていることは何ですか？

疲れたときに無理をしないことです。この仕事には、知識だけでなく、体力も必要です。例えば、実験に使う30kgの容器を自分で運んだり、クレーンを操縦したりと、つねに力仕事がともないます。また、船上で実験が始まると、悪天候で海が荒れ、船がグラグラゆれたりして、なかなか計画通りには進みません。そうなると、ぼくたち研究者は肉体的にも精神的にもボロボロになり、さらに船酔いにも悩まされながら実験を続けることになります。

寝不足で勉強をしても効果がないのと同じように、疲れた状態で実験を続けても効率が悪くなるいっぽうです。だから、疲れたら、こまめに休憩を取るようにしています。

提供：海洋研究開発機構

実験のため、船上で重たいケーブルを運んでいるところ。「たくさん食べて動くので、陸にもどるときにはがっちりした体型になっていることもあります」

・研究用のノート・

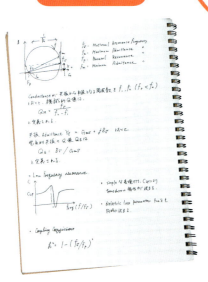

PICKUP ITEM
実験前に立てた仮説や、これまでの研究の成果、実験結果の記録などが書きとめられている。

Q 仕事をする上で、むずかしいと感じる部分はどこですか？

船での実験生活が始まると、長いときには1か月以上も陸地にもどれません。体力的に厳しいのはもちろんですが、それに加えて、ずっと海にいるので、人生のさまざまな行事を大切な人といっしょに過ごせないということが起きます。友だちの結婚式に出席できなかったり、家族の誕生日をいっしょに過ごせなかったり。ぼくも、クリスマスやバレンタインデーを彼女と過ごすことができず、ふられてしまったことがありました。陸から遠く離れた海では携帯電話の電波が届かないので、電話さえできないんです。

船から久しぶりに陸地にもどると、最新のニュースや流行にまったくついていけません。友人とひさしぶりに会って話をしたとき、何を言っているのかわからず、世界が新鮮に感じられることもあります。

こんなつらさがあっても続けられるのは、この仕事に本当にやりがいと意義を感じられるからだと思っています。

Q なぜこの仕事をめざしたのですか？

幼いころから釣りが好きで、海に興味があったことが出発点だと思います。

自然にまつわる仕事がしたいという思いはありましたが、はっきり「これ」というものはありませんでした。そんななか、海洋学の方面へ進んだのは、アメリカの海洋学者、ウォルター・ムンク博士の影響が大きいです。ムンク博士は、海洋観測に音波を使うことに挑戦した学者のひとりです。ぼくが小学生のとき、科学や文明の発展に貢献した人を国内外から選んでたたえる「京都賞」に、ムンク博士が選ばれました。ぼくは京都出身なので、そのニュースを見て、海洋学という分野があることを知ったんです。

また、博士のアイデアをもとに、JAMSTECが調査船を開発したという新聞記事を高校生のときに読みました。これがJAMSTECとの出合いです。さらに、大学・大学院でお世話になった教授や准教授もJAMSTEC出身で、「これは運命だ」と感じました。大学院生のときに、2か月間、研究生としてJAMSTECで仕事をして、研究のおもしろさにふれました。それで、「ここで海洋の研究をしたい」と決意し、その後、試験を受け就職しました。

Q 今までにどんな仕事をしましたか？

長距離の水中音響通信の実験で、コンピューターのプログラムをつくったり、船と船が水中でやりとりをするのに使う音響通信機器の開発をしたりしてきました。ほかにも、潜水調査船「しんかい6500」で撮った深海の画像を、海上で待機する船へ送る装置の開発にもたずさわってきました。

失敗してしまった研究もありましたが、さまざまなことにチャレンジすることができました。

25mプールよりも長い、巨大な実験水槽。ここで水中での音波の進み方などを測定し、その結果を海で実証実験する。

Q これからどんな仕事をしていきたいですか？

ぼくが手がけている水中音響技術は、あまり目立つ研究ではありません。しかし、船で海へ出て、地球科学のなぞを解いていくためには、カギになる技術だと思っています。もっと実験の精度を高められるように、技術革新をめざしてがんばっています。

「地味だけどすごい」ことをコツコツと積みかさね、いずれは研究で得た知識を、世界中の人たちに役立ててもらいたいです。

樹田さんの職場は海のすぐそばにある。「子どものころから海が好きなので、うれしい環境です。自宅も海に近いので、休みの日には釣りを楽しんでいます」

Q ふだんの生活で気をつけていることはありますか？

休日には、研究のことはなるべく忘れて、気持ちを切りかえることにしています。海釣りをしたり、美術館に行ったり、街をぶらぶら歩いたりと、好きなことをして過ごします。

また、JAMSTECの職員同士でサッカーのサークルをつくっていて、仕事の息ぬきやストレス解消、体力維持のため、ときどき試合をしています。

JAMSTECの研究者になるには……

JAMSTECの研究者になるには、高い専門知識が必要です。まずは高等専門学校や大学の理系学部で学び、さらに、大学院まで修了しておくとよいでしょう。また、海洋工学の実験を行うときには、プログラミングや機械・回路の設計などの技術も必要です。研究所でも海の上でも活躍できるように、知識と技術をまんべんなく身につけておく必要があります。

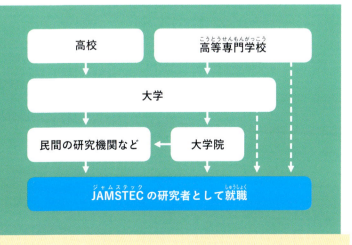

※JAMSTECの研究者にはさまざまな種類があり、それによって募集の条件がちがいます。

Q JAMSTECの研究者になるにはどんな力が必要ですか？

ぼくが所属する部署では、ひと通りの専門的な知識や能力と、研究に必要な技術が求められます。

数学や物理学の知識は基礎として必要です。ほかにも、パソコンでコンピュータープログラムをつくる能力のほか、機械や電子回路の設計技術も必要です。しかしそれだけではありません。そもそも研究は、アイデアを練って、テーマを決めるところから始まります。そのとき、ほかの人とちがった視点で発想ができることは、よい研究につながるので大切です。ぼくが所属する部署は体力が必要なので、男性研究者が多いです。しかし、いずれは、女性も活躍できるようになってほしいと思っています。

実験をもとに論文を書き、発表することも研究者の大切な仕事。入構5年目に、樹田さんは優秀論文発表者として表彰された。

提供：海洋研究開発機構

樹田さんの夢ルート

- **小学校・中学校 ▶ 人の役に立つ仕事か研究者**

  京繡の作家として活躍する父を見て、後世に残る仕事がしたいと考えていた

- **高校 ▶ 地球や宇宙などスケールの大きな仕事**

  海洋学者のムンク博士にあこがれ、地球科学や資源について学べる大学への進学を決意

- **大学・大学院 ▶ 海洋に関する研究者 → 海洋工学者**

  大学院時代に、JAMSTECに2か月間研究生として入構。仕事に魅力を感じ、JAMSTECの研究者になる

Q 中学生のとき、どんな子どもでしたか？

釣りが好きで、朝4時に起きて、友人といっしょにバス釣りをしてから学校に行くというような、自由気ままな中学生活を送っていました。

部活はサッカー部に所属していましたし、勉強もがんばっていて、わりとできる方だったと思います。体育祭のリレーで代表になったり、合唱コンクールの伴奏をしたりと、学校行事にもけっこう貢献していましたね。学級委員に選ばれたこともありました。

いっぽうで、思春期まっさかりで反抗心が強い一面もありました。まちがっていると思えば、相手が先生でも堂々と意見を伝えたり、文句を言ったりしていたので、毎週のように職員室から呼び出しを受けていました。今思うと、まっすぐすぎた当時の自分を反省する気持ちもあります。

しかし、おかしいと思うことにはとことん向きあう自分の性格は、研究者向きなのかもしれません。なぜなら、みんなが正しいと思っていることでも、一度は疑って、それが正しいとされる理由を考えることが、研究の基本だからです。

小学校からピアノを習っていて、中学校の合唱コンクールでは伴奏者をつとめた。

上は、樹田さんが中学時代から愛用しているリール。中学時代の樹田さんは、登校前に釣りに行くほどバス釣りにのめりこんでいた。

Q 中学のときの職場体験は、どこに行きましたか？

歴史に興味があったので、1週間ほど京都市埋蔵文化研究所で職場体験をしました。2年生のときでした。ちょうどその時期に、本能寺の変の跡地の発掘調査があり、ぼくたちも1日だけ、現地の発掘作業に参加させてもらいました。

へらと刷毛を使って、土をうすくけずっていくのですが、そのときに、小さな骨を見つけて大興奮しました。ドキドキしながら考古学者の先生に「これ、もしかして織田信長の小指の骨じゃないですか？」と見せたら、「残念だけど、これは鳥の骨だよ」と言われ、大発見の夢は消えてしまいました。

Q 中学のときの職場体験では、どんな印象をもちましたか？

発掘作業の前までは、考古学の調査作業といえば、作業着姿で、泥まみれで仕事をするというイメージでした。しかし、発掘物の破片を組みあわせながら、自分の分析や見解を楽しそうに語っているのを見て、「研究者っておもしろそうな仕事だな」と思いました。

また、歴史や文化を受けついで、新しい時代に伝えていくことの価値も実感しました。ぼくの父は京繍という日本刺繍の作家です。京都祇園祭の山鉾をかざる刺繍幕を手がけるなど、伝統文化を伝える仕事をしています。体験を通じて、父への尊敬の念が強まりました。

Q この仕事をめざすなら、今、何をすればいいですか？

しっかりと勉強しておくことは大切ですが、好きなことをとことん楽しむことも大事だと思います。同じ職場の人やほかの研究機関の人を見ていると、物事にこだわりをもって、趣味にも打ちこんでいる人が多いように思います。好奇心と情熱をもって、好きなことをつきつめる姿勢は、研究にもつながるのかもしれません。

もし、すでに興味のある職業があるのなら、将来につながるような勉強をしておくとよいと思います。JAMSTECで働きたいなら、深海生物や海底資源、気象や地震・津波などについてしっかり知っておくと、将来に活きると思います。

「地味だけどすごいことを積みかさね世界中の人たちに役立ててもらいたい」

- 今できること -

ふだんの暮らし

JAMSTECの研究者には、仮説を立てて考えを練る思考力と、現場に出て、粘りづよく実験を重ねる体力の両方が必要です。ふだんから、少しでも疑問に思うことがあれば、自分なりに論理立てて考えるようにしたり、体育や部活などに積極的に参加して、体力をつけたりしておくとよいでしょう。

また、自然を相手に研究を行う仕事なので、海や山など、自然に慣れしたしんでおくと、予想外のできごとが起こったときにも冷静に対応する力が養えるでしょう。

数学 仮説を立てるときや、実験で出てきた数値を読みとくとき、数学の力が必要不可欠です。また、コンピュータープログラムをつくるときにも数学が役に立ちます。

理科 生物や化学、物理、気象など、理科で学習するあらゆる分野が研究に活きる知識となります。基礎をしっかり身につけておきましょう。

体育 研究のテーマによっては、力仕事が多くなります。基礎体力を身につけましょう。

英語 海外の研究者と共同で研究をしたり、メールのやり取りをする機会もあります。また、英語の論文を読む機会もあるので、読解力を中心に力をつけておきましょう。

File No.41

ロボット開発者
Robot Engineer

Honda
斉藤杏実さん
入社6年目 31歳

人の暮らしを豊かにする
最先端の技術を
生みだしています

人型ロボットや、災害救助ロボットなど、さまざまな形や機能をもつロボットの研究が世界中で進んでいます。Hondaで、人の暮らしに役立つロボットの研究開発をしている、斉藤杏実さんにインタビューしました。

Q ロボット開発者とはどんな仕事ですか？

　Hondaは、自動車をつくるだけでなく、人の暮らしを豊かにするための、さまざまな最先端技術の開発を行っています。わたしは、二足歩行ロボット「ASIMO」をふくむ、さまざまなロボットの研究開発を専門的に行う部署につとめています。

　ロボット開発は「どこで、だれが、どんなふうに使うのか」を考えるところから始まります。次に、そのロボットを実現するためには、どんな技術や機能が必要か考えます。

　そして、必要な部品や、組み立てのしやすさ、デザインなどを考えながら、設計図をつくっていきます。

　設計図が完成したら、ロボットを組みたて、実際に動かしてテストをします。ロボットを動かすのはコンピュータープログラムです。イメージ通りの動きができるか、何度もテストをしながらプログラムをつくっていきます。テストでうまくいかなければ、設計や部品を変更しながら、完成をめざします。ロボット開発は、設計やデザインを考える人、機械や電気を設計する人、ロボットを動かすためのコンピュータープログラムやAIを研究する人、実際に組み立てをする人など１チーム10〜20人が分業で仕事を進めます。

　わたしの担当は、ロボット内部の電気の流れを管理する「基板」と、基板やモーターをつなぎ、電力や動作の信号を送る「ハーネス」の設計・開発です。人のからだに例えるなら、基板はロボットの頭脳、ハーネスは血管や神経です。また、ロボットを制御するプログラムもつくっています。

　まずは、回路図を書き、できあがったら、それを専門のメーカーに渡して基板をつくってもらいます。

　続いて、ハーネスの設計です。ロボット全体に効率よく電流や信号を送るのに、最適な配線の仕方を考えます。そして、基板とハーネスが完成したら、組み立てを担当する人に渡して、つないでもらいます。

ロボットは、人の暮らしを助けるために開発されている。「ASIMO」も、写真のように手話をしたり、水筒の水をコップに注いだりすることができる。

Q どんなところがやりがいなのですか？

　わたしの職場は、乗用車など決まった時期に発売する商品を開発する部門でなく、研究に専念できる部門なので、職場には「形になるかわからないけど、やってみよう」という、のびのびとした雰囲気があります。研究に打ちこむことができる環境に、とても満足しています。

　また、わたしはASIMOに組みこまれた部品が熱や振動によってこわれることがないかを確かめる「信頼性試験」も担当していました。東京モーターショーで、ASIMOの動きに釘づけになっているお客さんたちを見たとき、「人を夢中にさせる技術ってすごい」と感動しました。そんなお客さんの声や反応も、ロボットづくりのやりがいになっています。

専用の機材を使って、基板の設計がうまくいっているか、試験をする。

斉藤さんが設計したロボットの基板。「設計図は専用のソフトで書きます。必要な部品をそろえるのにかかる時間をふくめ、4か月かけて完成させました」

斉藤さんの1日

- 09:00　出社、メールチェック。その日の仕事を確認
- 09:30　回路設計やプログラム設計
- 12:00　チーム内で連絡事項を共有
- 12:30　ランチ
- 13:30　ロボットのテスト、メーカーとの打ち合わせ
- 19:00　退社

Q 仕事をする上で、大事にしていることは何ですか？

わたしの会社には「三現主義」という考え方があります。「現場に行くこと」「現物（または現状）を知ること」「現実的であること」の3つです。わたしも、この3つを大切にしています。

例えば、プロジェクトが始まったら、ロボットが実際に使われる現場へ出向いて、そこがどんな場所なのか、どんな人が使うのかを確かめるようにしています。また、基板の製作をメーカーへ依頼するときは、必ず担当者と会って、具体的なイメージを伝えます。メールやインターネットでのビデオ通話で簡単にやりとりすることもできますが、自分の目で現場を見たり、仕事をする人と直接顔を合わせたりすることで、誤解や行きちがいを防ぐことができるのです。

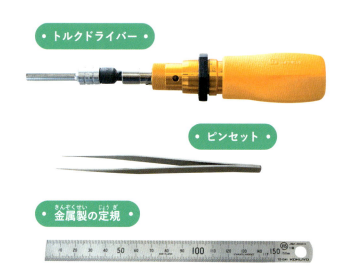

- トルクドライバー
- ピンセット
- 金属製の定規

PICKUP ITEM

トルクドライバーは、基板やロボットのねじを適切な力で締めることができる。ピンセットは、基板上の、指では作業できないような小さな部品を作業するのに使う。金属製の定規は、基板やハーネスの部品の寸法を測るときなどに使う。

部品メーカーの担当者と打ち合わせ。製造までのスケジュールや基板のサイズ制限など、注文したいことを具体的に話す。

Q なぜこの仕事をめざしたのですか？

高校時代に物理が好きだったことがきっかけで、大学の工学部に進学しました。大学3年生のとき、何気なく訪れた「バッテリージャパン」というイベントで、電気自動車を開発している技術者と話をする機会がありました。そのときにバッテリーにまつわる話を聞いて、強く興味をもちました。バッテリーにはさまざまな種類がありますが、充電することで再利用ができる二次電池はスマートフォンやノートパソコン、ロボットなどに、はば広く使われていて、これからの社会の中でとても重要になってくると感じたんです。

そのため、就職活動をするようになったとき、バッテリーにまつわる技術開発の仕事がしたいと思いました。具体的には、バッテリーの温度や電圧の管理をしたり、充電速度をコントロールしたりといった研究です。そこで、自動車やロボットの開発に実績があり、バッテリーの基礎研究に取りくむこともできる、Hondaへの入社を決めました。

Q 今までにどんな仕事をしましたか？

基板の開発です。さまざまなロボットの基板を手がけているのですが、昨年、あるプロジェクトで、複雑な構造の回路を必要とする基板をつくることになりました。それまで、わたしは単純なつくりの回路を使った基板しかつくったことがなかったのですが、プロジェクトリーダーに「わたしにつくらせてください！」とお願いし、任せてもらえることになりました。

先輩や上司に相談しながら、回路図を完成させるまでに4か月をかけました。そして、基板メーカーに製作を依頼し、1か月後、ようやくわたしの手元に基板が届きました。さっそく電源を入れてみたら、その瞬間、ボンという音とともにシューッとけむりが出て、基板はこわれてしまったのです。

予想よりも大きな電流が流れたことが原因でしたが、何度もパソコン上で計算し、確認したつもりだったので、本当にショックでした。パソコン上でうまくいっていても、現物ではちがう結果が出ることもあるのだと、痛感しましたね。

研究では、失敗することがたくさんあります。でも、失敗したあとが大切なんです。二度と同じことが起きないように、なぜこわれたのか、どうしたら直るのか、原因を分析します。計算どおりにいかないところも、研究のおもしろさのひとつだと思っています。

Q 仕事をする上で、むずかしいと感じる部分はどこですか？

ロボットが、まだまだ世の中の期待に応えられていないなぁと感じるときです。

例えば、2011年の東日本大震災で、原子力発電所の内部調査をするために、ASIMOが役に立つのではと期待する声がたくさんありました。でも、がれきが散乱しているところではASIMOが動かないため、残念ながら、役に立つことはできませんでした。世の中には、ロボットが未来を明るくする存在というイメージがあると思うのですが、実際の性能は、まだまだ追いついていないことに、くやしさとふがいなさを感じましたね。多くの人に「やっぱりロボットは役に立つね」「ロボットがいてくれてよかった」と言ってもらえるようなものをつくりたい。そんな気持ちで毎日研究に取りくんでいます。

Hondaが開発しているものの一部。左は、下半身に装着すると、歩行トレーニングを助けてくれる装置。下は、進みたい方向に体をかたむけるだけですーっと進む新しい乗り物。

Q ふだんの生活で気をつけていることはありますか？

日常の中で「こんな技術があれば便利なのに」「こんなシステムがあれば、世の中が便利になるのにな」と考え、発想することを心がけています。

「こんな技術があれば、暮らしが豊かになるな」と考えながら世の中を見ると、さまざまな発見がありますよ。

また、仕事柄パソコンを使用している時間が長く、はんだづけなど細かい作業も多いので、マッサージしたり温めたりして目の疲れを取っています。昼休みには、会社内の敷地を散歩して、緑をながめて、目の疲れをいやしているんですよ。

Q これからどんな仕事をしていきたいですか？

いつか、介護に役立つロボットをつくってみたいです。昨年亡くなった祖母のことを、母がずっと介護していたのですが、わたしもときどき手伝いながら、介護する側、される側、どちらの大変さも実感しました。

祖母は右の肩が思うように動かせず、ひとりで服を着ることができませんでした。だれかが服を広げて、そでを通してあげれば着られるのですが、手伝ってあげるたびに祖母は「ごめんね」と申し訳なさそうにしていました。

もしも、服を着るときに、ほんの少しサポートがあれば、祖母の暮らしはもっと快適になったでしょう。そんな「少し」のことをロボット技術でサポートして、介護する側もされる側も、笑顔で暮らせる世の中にしたいと思っています。

ロボット開発者になるには……

ロボットは、最先端技術を結集してつくられます。工業、工学系の大学や高等専門学校に入り、機械の設計や製造方法、あるいは電気や磁気の働きやあつかい方を学びましょう。世の中で、どのようなロボットが求められているのか、知っておくことも大切です。ロボットをつくる過程で、プログラミングの力が必要になることもあります。基礎を身につけておくとよいでしょう。

高校 → 大学 → 大学院 → ロボット開発者として就職
高専 → 大学 → ロボット開発者として就職
高専 → ロボット開発者として就職

Q ロボット開発者になるにはどんな力が必要ですか？

自分がわからないことを、どんどん聞いたり、自分から進んで調べたりする姿勢が必要です。

知らないことは、はずかしいことではありません。わたしも会社の先輩や上司に、「わからないので教えてください」といつも質問しています。ロボットには、最先端の技術が数多く使われています。自分の担当である電気のことだけ知っていても、ロボットは動きません。全体の構造や制御システムのことなど、それぞれのスペシャリストに積極的に質問し、アドバイスをもらっています。

また、失敗してもあきらめない、強い気持ちをもちましょう。一度や二度の失敗でくじけず、「何度でもチャレンジするぞ」と努力しつづけることが、成功につながります。

上司には、信頼性試験で思うような結果が出ずに行きづまったときや、技術的に知らないことがあるときなど、何でも気軽に相談している。

斉藤さんの夢ルート

小学校 ▶ 建築家
ファッションデザイナーになりたいという親友のために、お店を設計したいと思っていた。

中学校 ▶ 薬剤師、薬の研究者
社会の授業で、エイズやエボラ出血熱など、治療が確立されていない病気の話を聞き、薬の研究をしてみたいと思った。

高校 ▶ 工学系の研究者
物理の授業が大好きだったので、人に役立つ技術を開発する工学系の研究職に興味をもつようになった。

大学・大学院 ▶ バッテリー管理システム研究者→ロボット研究者
バッテリーやその管理システムに興味をもつ。基礎研究に取りくみたいという思いがあり、Hondaへの就職を決める。

Q 中学生のとき、どんな子どもでしたか？

好きな科目は数学でした。とくに空間図形の問題を解くのが好きでしたね。暗記が苦手だったので、きらいな科目は社会でした。このころ母に「進路は理系だね」と言われ、自分でも大学は理工系の分野に進もうと決めていました。

当時、夢中になっていたのは、読書です。純文学から大衆文学まで、はば広く読んでいましたね。読書感想文の宿題では、三島由紀夫の『潮騒』について書きました。太宰治やヘルマン・ヘッセなど、当時、読んでもよくわからなかった本を、大人になった今、改めて読みなおすと、あのころとは別の発見があって、おもしろいです。

学校の行事で、思い出に残っているのは、「星空観測」です。夜の7時に校庭に集まって、天体望遠鏡で星の観測をしたのですが、はるか遠くにある木星が、予想以上にきれいに見えて、感動したことを覚えています。

Q 中学のときの職場体験は、どこに行きましたか？

中学2年生のとき、美容師を主人公としたドラマが大人気になりました。その影響で「わたしも美容院でかっこよく働いてみたい」と思い、美容院を体験先に選びました。友だちとふたりで、3日間、体験先に通いました。

わたしたちにまかされた仕事は、お店のそうじでした。床に落ちた髪の毛を片づけたり、ドアや窓をみがいたりしました。また、シャンプーの練習として、友だちと交代で髪の毛の洗いっこもしました。

Q 職場体験では、どんな印象をもちましたか？

体験に行くまでは「美容師ってかっこいい」というイメージしかありませんでしたが、働いてみると、かっこいいだけではないことがわかりました。髪を切るのも、洗うのも、ずっと立ちっぱなしで行わなくてはいけません。いそがしいときは、ランチの時間がないこともあります。体力も根性もいる仕事なんだなと感じましたね。

また、美容師は技術勝負の世界でした。一人前になっても、流行のヘアスタイルや、髪の毛を染める薬剤の知識など、つねに勉強していることを知り、おどろきました。

Q この仕事をめざすなら、今、何をすればいいですか？

Hondaのロボット開発は、人の研究からスタートしています。人が暮らしの中でどのように思考をめぐらせ、行動するのかを知ることが、人に役立つロボットを生みだすのに欠かせないことだからです。

何事も、好きなもののことは「もっと知りたい」と思いますよね。なのでわたしは、人を知るためには、好きでいることが大切だと思っています。そのためには、まず、自分自身を分析して、よいところも悪いところも受けいれるようにしています。自分が何が得意で、何が苦手なのか。また、どんなふうに時間を過ごすのが好きなのかなど、みなさんも、まずは自分の分析をしてみてください。

職場体験先の美容室での記念写真。「ドラマへのあこがれから選んだ体験先でしたが、プロの美容師の働く姿から、仕事の厳しさも学ぶことができました」

ロボット開発には人を夢中にさせる技術がつまっている

－ 今できること －

ふだんの暮らし

ひと口にロボットといっても、ASIMOのように、人の手助けをする目的でつくられているロボットや、工場や建築現場で働くロボット、工業用ロボットなど、種類はさまざまです。社会でどのようなロボットが必要とされているのか、まずは知ることが大切です。

また、ロボットの開発は、最先端の知識をもつ人がたくさん集まって行われます。グループで学習発表をする機会があれば、仲間の意見によく耳をかたむけ、チームワークを意識して取りくむとよいでしょう。

 社会 教科書で学ぶことだけでなく、ニュースにも目を通して、ロボットがどんな場所で必要とされているかを知りましょう。

 数学 ロボットは、あらゆる部分が緻密な計算によって設計されています。どんな単元にも苦手意識をもたず取りくみましょう。

 理科 電気が流れる仕組みや、人体の構造など、ロボット開発に欠かせない基礎知識が理科で学べます。高校での学習につながるように、しっかり学びましょう。

 技術 プログラミングの基礎知識を学びます。開発者になるには必要な知識なので、よく理解しておきましょう。

File No.42

科学コミュニケーター
Science Communicator

日本科学未来館
眞木まどかさん
入社3年目 27歳

科学のおもしろさを ひとりでも多くの人に 伝えたい

科学コミュニケーターは、科学の魅力や、社会での役割をわかりやすく伝えていく仕事です。日本科学未来館は、おとなから子どもまで科学に親しむことができる施設です。ここで働く、眞木まどかさんに、お話をうかがいました。

Q 科学コミュニケーターとはどんな仕事ですか？

科学コミュニケーターの仕事は、大きく分けて3つあります。まずひとつ目は、来館者に展示を解説したり、科学の話題についていっしょに考えたりする仕事です。科学にくわしくない人にも興味をもってもらえるように、わかりやすくお話しします。

ふたつ目は、展示やワークショップ、セミナーなどのイベントを企画して、実現させる仕事です。どんなふうにしたら、テーマをわかりやすく見せることができるか、仲間と話しあいながら決めていきます。

そして3つ目は、テレビや新聞・雑誌、インターネットなどのメディアを通じて、科学にまつわる情報を発信する仕事です。自分でブログを書いたり、雑誌に文章を寄せたりすることもあれば、科学をテーマにしたテレビ番組に出演することもあります。

どれも、ひとりでも多くの人に、科学のおもしろさを伝えるための仕事です。

子どもに展示内容の説明をする機会が多い。易しい言葉で、わかりやすく解説する。

写真は眞木さんの文章が掲載された科学の専門誌『Newton』。コンピューターが、どのように人の言葉を理解するかをテーマに執筆した。

Q どんなところがやりがいなのですか？

自分が一生懸命考えたアイデアが、展示物やパネルになって、多くの人の目にとまったときには、大きな達成感がありますね。

日本科学未来館では、実際にふれることで、科学の世界を体験できるような企画もあります。

わたしたちが考えた展示がきっかけとなって、「科学ってむずかしそう」と思っている人が、少しでも関心をもってくれるとうれしいですね。

Q 仕事をする上で、大事にしていることは何ですか？

いつも心がけているのは「しっかりと展示の内容を理解して、自分の言葉で伝えること」です。

科学コミュニケーターは、展示の解説やブログなど、さまざまなかたちで情報を発信します。例えば、展示について来館者から質問をされることもありますが、人それぞれ疑問をもつポイントはちがいます。質問に対して、わかりやすく答えるためには、わたし自身が、その展示についてきちんと理解しておくことが、とても大事なんです。

眞木さんの1日

- 09:30　出社。展示フロアをまわって、問題がないかチェック
- 10:00　開館。展示フロアで来館者に声をかけたり、質問に答えたりする
- 12:00　ランチ
- 13:00　展示の企画について、プロジェクトチームで打ち合わせ
- 17:00　閉館。来館者を見送り、展示フロアを翌日のために整える
- 18:00　研究者や展示物の制作者にメールをしたり、ブログを書いたりする
- 19:00　退社

Q なぜこの仕事をめざしたのですか？

わたしが通っていた大学は、英語教育に力を入れていたので、アメリカへの留学が必須でした。そこで、1年生の後半から1年半、アメリカのボストンに留学しました。じつは、このときの経験がきっかけとなって、科学コミュニケーターをめざすようになったんです。

留学中、インターンシップ※制度を利用して、何日間かボストンの博物館で働きました。そのときに見た展示に、わたしは大きな感動を覚えたんです。どの展示も、そのテーマについて、まったく知らない人からくわしい人までだれもが楽しめるように、つくりが工夫されていたからです。

いちから学びたい人は、じっくり展示を見ればよいし、ある程度のことを知っている人は、知りたい部分から見ればよい。どんな人にも開かれている学びの場だと思いました。そして「自分がやりたいのはこれだ！」と確信したのです。

大学卒業後は、科学と直接関係のないNPO※団体で職員として働くと同時に、イギリスの大学院に入学しました。インターネットで受講できるので、日本で働きながら、博物館学を学びました。日中は仕事で夜は勉強なので、なかなかハードでしたが、努力が実り、日本科学未来館の採用試験に合格することができました。そうして念願の科学コミュニケーターになることができたんです。

Q 今までにどんな仕事をしましたか？

さまざまな展示やワークショップなどに関わってきましたが、もっとも印象に残っているのは、2011年3月11日に起きた東日本大震災をテーマにした展示です。

放射線が人体へおよぼす影響や、今後の電気エネルギーの問題などをパネルにまとめました。そして、東日本大震災からわたしたちが得た教訓や、これからできることについて、問いかけました。展示の最後には、来館者の手書きのコメントを貼るコーナーをつくったのですが、予想を超える数のメッセージをいただきました。

わたしは、科学コミュニケーターになってから、科学が社会の中で果たすべき役割について、ずっと考えつづけてきました。それを表現することができたんです。

そして、この展示を通じて、博物館の役割や可能性も、あらためて感じることができました。

日本で活躍する外国人研究者と、いっしょにイベントを行ったこともある。「科学的な専門用語が多く、来館者の目線に立っての対話は、とてもむずかしかったです」と眞木さん。

Q 仕事をする上で、むずかしいと感じる部分はどこですか？

最新の研究について勉強する機会が多いのですが、理解するのはむずかしいなといつも感じます。わたしの仕事は、研究内容を理解して、さらにそれを来館者に伝えること。つねに新しいことに興味をもって、どんどん学んでいかなければいけません。

また、年に一度、仕事の自己評価をしなければいけないのですが、これもむずかしいですね。最初に決めた目標が達成できたかどうか、企画した展示の来場者数、来館者の感想、そしてふだんの仕事ぶりをふりかえって評価するのですが、自分を客観的に見るのは簡単ではありません。

展示の準備は、チームで進める。「企画の規模にもよりますが、東日本大震災をテーマにした展示では、10名ほどのチームで展示をつくりあげました」

用語 ※インターンシップ ⇒おもに大学生が、職場体験のために、給料をもらわずに働くこと。

・子ども向けにつくった小冊子・

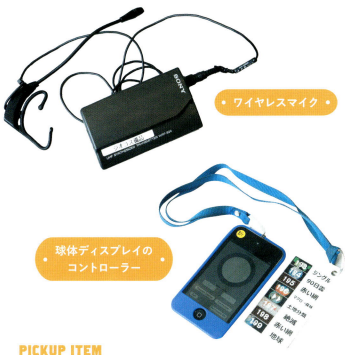
・ワイヤレスマイク・

・球体ディスプレイのコントローラー・

PICKUP ITEM
小冊子は、展示の内容を子どもたちに親子で話しあいながら楽しく学んでもらうためにつくったもの。展示フロア内で1日1回行われる、球体ディスプレイを活用した実演時に使うワイヤレスマイクとコントローラー。これを使えるのは、練習を積んで、テストに合格した科学コミュニケーターだけ。

Q ふだんの生活で気をつけていることはありますか？

仕事とプライベートの線引きができるように、休むときは休む、仕事をするときは仕事をする、と、しっかり切りかえるようにしています。

しかし、プライベートな時間でも、科学に関するニュースや情報は、やはり気になってしまいます。また、ほかの博物館や科学館でおもしろそうな展示をしているときは、ついつい足が向いてしまいますね。

Q これからどんな仕事をしていきたいですか？

例えば、AI（人工知能）の開発が進んで、そうじロボットが登場したり、インターネットで音声検索ができるようになったりと、世の中は少しずつ変化しています。科学技術と社会の間には、密接な関わりがあるのです。

科学に苦手意識がある人でも、自分の生活に関係することが取りあげられていれば、興味をもつはずです。そんな展示をつくって、少しでも多くの人に科学を身近に感じてもらう、そういう仕事をしていきたいです。ブログや映像配信なども積極的に活用して、みなさんと科学をつなぐ橋渡しをしていきたいんです。

また、当館の科学コミュニケーターは任期が5年と決まっています。わたしは、科学館や博物館での仕事を続けたいと思っているので、ここで5年間仕事をしたら、それ以降は新しい職場を見つけなくてはなりません。そのために、まずはこの場所で、実績を積んでいきたいと思っています。

科学コミュニケーターになるには……

多くの人は、科学館や博物館の採用試験を受けて働きます。なかには実力をつけて、フリーランスとして、テレビや雑誌などのメディアで活躍する人もいます。

科学コミュニケーターには、科学の専門的な知識が求められるだけでなく、それを世の中に伝える力が必要です。大学・大学院で博物館学を学んだり、科学館や博物館が主催するセミナーを受講するとよいでしょう。

高校 → 大学 → 大学院 → 科学館や博物館に就職 ⇔ フリーランスとして活動

用語 ※NPO⇒利益を求めずに、社会問題に取りくむ民間の組織のこと。

Q 科学コミュニケーターになるにはどんな力が必要ですか？

科学コミュニケーターは、直接来館者や科学者と会話をする機会が多い仕事です。明るく親しみやすい対応、考え方の柔軟さ、相手の話をしっかり聞く力が必要だと思います。また、海外の人とやりとりをしたり、英語の資料を読んだりすることも多いので、英語力も必要です。

展示フロアにいるときは立ったままで、館内を歩きまわることも多いので、体力も欠かせませんね。わたしは休日にランニングや水泳をして、体力維持に努めています。

タッチパネルなど、最新技術の登場で、科学館や博物館の展示のあり方も、どんどん進化している。

眞木さんの夢ルート

小学校 ▶ 教師
3・4年生のころ、担任の先生にあこがれて、教師になりたいと思うようになった。

中学校・高校 ▶ 英語の教師
どの教科も苦手意識をもたずに取りくんでいたが、なかでも英語が得意だったため、英語の教師をめざすようになった。

大学・大学院 ▶ 科学コミュニケーターや博物館、美術館の学芸員
留学先のアメリカで、博物館のすばらしさを知って、将来は博物館や科学館、美術館で働きたいと思うようになった。

Q 中学生のとき、どんな子どもでしたか？

中学時代をふりかえると、部活も、勉強も、友人関係も、すべてが楽しかったので、学校が大好きだったんだなあと思います。

部活は、バレーボール部に所属していました。部員がとても少なく、同級生5人と先輩ふたりの7人だけだったんです。バレーは6人制なので、他校と試合をするときは、ギリギリの人数です。病気やケガでみんなに迷惑をかけないよう、いつも細心の注意をはらって過ごしていましたね。人数は少なかったけれど、みんなとても仲がよくて、はげましあえる、いい仲間でした。今でもおたがいの結婚式に出席するなど、交流が続いています。

また、英語が得意だった兄の影響で、わたしも英語が好きでした。発音を猛特訓して弁論大会にも出場しましたね。大学生のとき、博物館での仕事に興味をもつまでは、英語の教師になりたいと思っていました。英語に力を入れている大学に入ったのも、じつはそのためだったんです。

中学時代の眞木さん。バレー部は、少人数ながら新人大会で優勝するなど、地区内では上位のチームだった。

Q 中学のときの職場体験は、どこに行きましたか？

中学2年生の夏休みに、山形県尾花沢市のスイカ農園に行きました。尾花沢市はスイカが有名で、あちこちに農園や直売所があります。先生から提示されたリストには、この農園は入っていなかったのですが、バレー部の友人が「大きなスイカ農園で働いてみたい」と希望し、探してきてくれたんです。

体験は3日間でしたが、直売所に来た人にスイカの試食をすすめたり、収穫を手伝ったり、配送用のスイカをきれいにふいたりと、いろいろな仕事をお手伝いしました。

Q 職場体験では、どんな印象をもちましたか？

実家にも畑があり、ときどき手伝っていたので、農作業の経験はあったのですが、たくさんのスイカを育てて収穫し、出荷するのはやはり重労働なんだなと思いました。

3日間でさまざまな経験をしましたが、なかでも印象的だったのは、農園で働いている人たちが、自分たちが育てたスイカに愛情と誇りをもっていたことです。休憩時間には、従業員の人たちといっしょにスイカをおやつにいただいたのですが、みなさん毎日「おいしいね〜」「これは甘いね」と、スイカ談義をしながらうれしそうに食べるんです。とても素敵だなと感じました。

Q この仕事をめざすなら、今、何をすればいいですか？

社会人になっても、勉強が必要な場面はたくさんあります。中学時代に学ぶことは、すべての基礎になるので、教科の好ききらいをつくらず、何でもがむしゃらに勉強してほしいですね。わたしは大学では文系科目を専攻しましたが、中学時代は数学や理科も苦手と思わずに取りくんでいたので、科学っておもしろいな、不思議だなという好奇心をずっともっています。

また、博物館や美術館に足を運んでドキドキしたりわくわくしたり、さまざまな気持ちを体験してほしいなとも思います。「自分ならどんな展示やパネルをつくるだろう」と、考えてみるのもおもしろいかもしれません。

仕事を始める前に撮った思い出の写真。お世話になったスイカ農園の人とは、今でも連絡を取っている。

科学が社会に果たすべき役割を考え表現していきたい

ー 今できること ー

ふだんの暮らし

科学コミュニケーターは、わかりやすく科学を伝える仕事。そのため、人に物事を説明するのが得意な人や相手の話をしっかり聞ける人が向いています。むずかしいことも、わかりやすい言葉で説明ができるように、心がけるとよいでしょう。

また、さまざまな人の好奇心に応える展示をつくるのも、科学コミュニケーターの仕事です。学習発表の機会などがあれば、どうすれば、見る人に楽しみつつ発表内容を理解してもらえるか、よく考えてみましょう。

 国語 科学の研究論文を理解して、人にわかりやすく伝えることが求められます。読解力と表現力の両方を身につけることを意識してください。

 社会 科学技術の進歩によって、世の中がどのように変化してきたか、理解しておく必要があります。そのためには、歴史を学ぶことが大切です。

 理科 最新の科学技術について知るためには、中学で学ぶ理科の基礎知識が必要です。しっかりと勉強しておきましょう。

 英語 科学コミュニケーターは、海外の論文を読む機会も多いので、読解力と単語力をみがいておきましょう。

仕事のつながりがわかる
サイエンスの仕事 関連マップ

科学技術と市民の暮らしの関係

ここまで紹介したサイエンスの仕事が、それぞれどう関連しているのか、科学技術がわたしたちの暮らしにどのように関わっているのかを例に見てみましょう。

JAMSTEC

JAMSTEC研究者 P.22
海底の資源や深海生物などについて調査し、地球の未来をよりよくするために研究を重ねている。

→ 情報提供 →

科学コミュニケーター P.34
博物館で、宇宙開発、ロボット技術など、さまざまな科学技術を展示物やパネルを使って解説する。テレビやWEBサイトで科学の魅力や、社会での役割をわかりやすく伝える。

← 情報提供

ロボット開発会社

ロボット開発者 P.28
ペットロボットや災害救助ロボットなど、市民の暮らしに役立つロボットを開発している。

→ 情報提供 →

↓ 科学技術を解説

→ ロボットを提供 →

市民
気象予報士が予測した天気予報、科学コミュニケーターが解説する科学のおもしろさなど、さまざまな情報やサービスを得る。

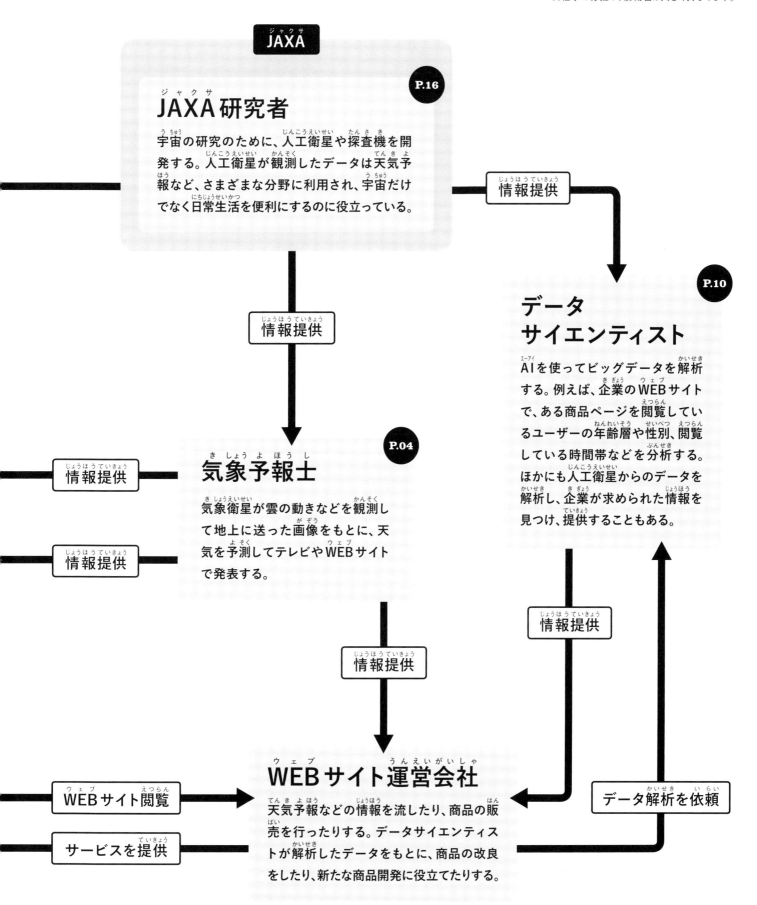

これからのキャリア教育に必要な視点 8

予測困難な時代を科学で切りひらく

▶ 高度な技術が身近になる社会へ

今の中学生たちが成人し、活躍するのはどんな時代でしょうか。中学校では2021年4月から新しい学習指導要領※が実施され、その解説には「予測が困難な時代」であるとはっきり書かれています。今後、社会がどう変化していくのか、だれにも予測することはできないということです。

ただ、わかっていることもあります。それは「高度な技術がますます身近になる社会」が来るということです。例えば、AI（人工知能）の研究が進み、そうじロボットやスマートスピーカーが生まれたように、わたしたちの生活の中でロボットが活躍する場面がもっと増えることは確実です。

ロボット技術に限らず、これからも新しい科学技術が生まれ、人びとの生活を変えていくことはまちがいありません。だからこそ、科学技術を理解し、それらを使いこなす科学的素養をすべての子どもたちが身につけていく必要があるのです。

国はスーパーサイエンスハイスクールを指定し、理工系人材の育成に力を入れています。これは、理数教育に実績がある高校が選ばれます。指定された学校は予算があたえられ、研究設備をつくったり、独自の教育課程をつくったりすることができます。また、大学や研究機関と連携し、地域の課題の研究に取りくむこともあります。

これは、日本が将来にわたって科学技術・学術研究の先進国として、存在感を発揮していくための戦略なのです。

▶ 可能性を信じる力

サイエンス系の仕事を志す人に求められるものは、ふたつあります。

ひとつ目は、「可能性を信じる力」です。この本にはJAXAの研究者が出てきます。彼女の夢は、ボタンひとつで操縦できる電動航空機をつくることであり、自分たちの手で生みだしたものがこれからの社会を変えていく可能性に胸を

※学習指導要領＝国が定める学校教育の基準となるもの。全般的なこと（総則）のほか、各教科の内容と指導方法の要点を示している。

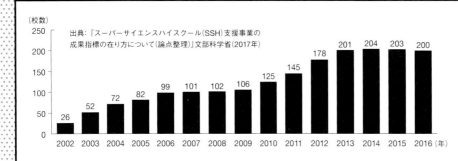

スーパーサイエンスハイスクールの指定校数のうつりかわり

出典:『スーパーサイエンスハイスクール(SSH)支援事業の成果指標の在り方について（論点整理）』文部科学省（2017年）

年	校数
2002	26
2003	52
2004	72
2005	82
2006	99
2007	101
2008	102
2009	106
2010	125
2011	145
2012	178
2013	201
2014	204
2015	203
2016	200

スーパーサイエンスハイスクールの指定は、2002年から始まった。近年は、約200校が指定を受けている。指定を受けた学校は、世界最先端の研究を行う科学技術振興機構から、情報提供や研修への支援を受けることもできる。

スーパーサイエンスハイスクールに指定された山梨英和中学校・高等学校では、さまざまな取り組みが行われている。左は、山梨大学の研究室を訪問したときのようす。最先端のiPS細胞の研究室や、大気を観測し環境を考える研究室などを訪ねた。右は中学2年生から高校2年生までの全生徒が参加した研究発表会。ポスターで研究成果を発表したり、理科の公開授業を行ったりした。

ふくらませているそうです。

　サイエンスの仕事には、今はまだ世の中に存在しないもの、だれも見たことがないものをつくりだしていくという役割があります。しかし、研究はいつも順調に進むわけではなく、壁にぶつかることもあるでしょう。そんなとき、研究対象の可能性、科学技術そのものの可能性、自分自身に対する可能性を信じつづけ、それを原動力として、前に進んでいく気持ちが重要です。

▶科学技術だけではなく人の心も大事

　ふたつ目は、志や思いを大切にすることです。この本に出てくるロボット開発者は、亡くなった祖母を介護した母親の姿を見て、「いつか、介護に役立つロボットをつくってみたい。介護する側もされる側も、笑顔で暮らせる世の中にしたい」と話していました。科学の分野で活躍するためには、ただ単に科学技術だけを勉強すればよいわけではありません。その根本には、大切な人のために役立ちたいという気持ちが必要です。そこから、社会のために、もっとよい未来のためにという思いにつながっていくのです。

　また、彼女は「ロボット開発は、人の研究からスタートしている」と話しています。とくに、AIやロボットなど、人間の領域にせまる技術を開発する際には、だれが、どんな場面で、どんな思いでその科学技術を使うのかという視点が大切なのです。たとえ予測困難な時代であっても、そのことは変わりません。

　だからこそ、人間そのものに興味をもつことと、さまざまな経験を通して多くの人とふれあい、心を豊かに耕していくことが重要でしょう。

　キャリア教育という点では、科学技術に関する興味や関心を伸ばすことはもちろん大切ですが、「可能性を信じる力」、「志や思いを大切にすること」という、ふたつの視点もあわせて考えていくことが、サイエンスを仕事にして生きていくためのヒントになるはずです。

PROFILE
玉置 崇

岐阜聖徳学園大学教育学部教授。愛知県小牧市の小学校を皮切りに、愛知教育大学附属名古屋中学校や小牧市立小牧中学校管理職、愛知県教育委員会海部教育事務所所長、小牧中学校校長などを経て、2015年4月から現職。数学の授業名人として知られる一方、ICT活用の分野でも手腕を発揮し、小牧市の情報環境を整備するとともに、教育システムの開発にも関わる。文部科学省「校務におけるICT活用促進事業」事業検討委員会座長をつとめる。

構成◎林孝美

さくいん

あ
- IT ……………………………… 11、12、13、15
- アメダス ………………………………… 5
- インターネット ………………… 19、30、35、36、37
- 宇宙開発 ………………………………… 18、40
- 宇宙工学 ………………………………… 19、20、21
- 宇宙飛行士 ……………………………… 18、20、21
- 宇宙物理学 ……………………………………… 19
- AI ……………… 10、11、12、13、15、29、37、41、42、43
- 音波 …………………………………… 23、24、25

か
- 解析 ………… 10、11、12、13、14、15、17、23、41
- 海底資源 ……………………………………… 23、27
- 海洋工学 ……………………………………… 25、26
- 科学コミュニケーター ……… 34、35、36、37、38、39、40
- 仮説 ………………………… 12、13、14、15、24、27
- 環境問題 ………………………………………… 7、8
- 気象衛星 ………………………………………… 5、41
- 気象キャスター ………………………………… 5、6、7
- 気象予報士 ………………… 4、5、6、7、8、9、40、41
- 基板 …………………………………………… 29、30
- 研究機関 ……………… 16、19、21、22、25、27、42
- 航空宇宙 …………………………………… 16、18、19
- 航空機 ……………………………… 16、17、18、19、21
- 高等専門学校（高専）……………………… 14、25、31
- コンピュータープログラム ……………… 11、26、27、29

さ
- JAXA（宇宙航空研究開発機構）… 16、17、19、20、21、41、42
- JAMSTEC（海洋研究開発機構）22、23、24、25、26、27、40
- シミュレーター ……………………………… 18、19
- 周波数 ………………………………………………… 23
- 職場体験 ……………… 9、15、20、27、32、33、36、38、39

深
- 深海生物 ………………………………………… 27、40
- 人工衛星 …………………………………… 17、18、41
- 震災 ………………………………………… 6、8、31、36
- 信頼性試験 …………………………………… 29、32
- 水中音響技術 ………………………………… 23、25
- スーパーコンピューター ……………………… 5、23
- 3Dプリンター ………………………………………… 17
- 潜水調査船 …………………………………… 23、25

た
- 地球温暖化 …………………………… 6、7、8、17
- 地球科学 ……………………………………… 25、26
- データサイエンティスト …………… 10、11、13、14、15、41
- 天気予報 …………………………… 4、5、6、7、9、40、41
- 展示 ……………………… 20、35、36、37、38、39、40
- 電動航空機 ……………………………… 16、17、19、42

な
- 日本科学未来館 …………………………… 34、35、36

は
- ハーネス ……………………………………… 29、30
- 博物館学 ……………………………………… 36、37
- バッテリー ………………………………… 17、18、30、32
- ビッグデータ ……………………… 10、11、12、15、41
- プログラミング ……… 13、14、18、21、23、25、31、33

ま
- マクロ分析 ……………………………………………… 12
- 無人探査機 ……………………………………………… 23

ら
- ロボット開発 ……………… 28、29、31、32、33、40、43
- 論文 ……………………………… 12、20、21、23、26、27、39

わ
- ワークショップ ……………………………… 35、36
- 惑星探査 ……………………………………………… 17

【取材協力】
株式会社ウェザーマップ　https://www.weathermap.co.jp/
株式会社FRONTEO　https://www.fronteo.com/
国立研究開発法人宇宙航空研究開発機構　https://www.jaxa.jp/
国立研究開発法人海洋研究開発機構　https://www.jamstec.go.jp/j/
株式会社本田技術研究所　https://www.honda.co.jp/RandD/
日本科学未来館　https://www.miraikan.jst.go.jp/

【写真協力】
国立研究開発法人宇宙航空研究開発機構　p19
国立研究開発法人海洋研究開発機構　p23、p24、p26
本田技研工業株式会社　p29、p31
日本科学未来館　p36
山梨英和中学校・高等学校　p43

【解説】
玉置崇（岐阜聖徳学園大学教育学部教授）p42-43

【装丁・本文デザイン】
アートディレクション／尾原史和・大鹿純平
デザイン／水野 咲・石田弓恵

【撮影】
平井伸造

【執筆】
小川こころ　p4-39
林孝美　p42-43

【企画・編集】
西塔香絵・渡部のり子（小峰書店）
常松心平・中根会美（オフィス303）

キャリア教育に活きる！
仕事ファイル8
サイエンスの仕事

2018年 4月 7日　第1刷発行
2021年12月10日　第2刷発行

編　著　小峰書店編集部
発行者　小峰広一郎
発行所　株式会社小峰書店
　　　　〒162-0066 東京都新宿区市谷台町4-15
　　　　TEL 03-3357-3521　FAX 03-3357-1027
　　　　https://www.komineshoten.co.jp/
印　刷　株式会社精興社
製　本　株式会社松岳社

©Komineshoten
2018 Printed in Japan
NDC 366 44p 29×23cm
ISBN978-4-338-31801-3

乱丁・落丁本はお取り替えいたします。
本書の無断での複写（コピー）、上演、放送等の二次利用、翻案等は、著作権法上の例外を除き禁じられています。本書の電子データ化などの無断複製は著作権法上の例外を除き禁じられています。代行業者等の第三者による本書の電子的複製も認められておりません。